PAPUS

TRAITÉ SYNTHÉTIQUE

DE

CHIROMANCIE

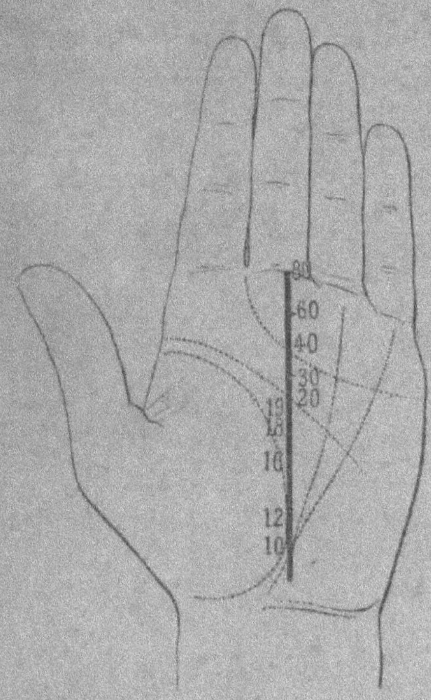

PARIS

GEORGES CARRÉ, ÉDITEUR

58, RUE SAINT-ANDRÉ-DES-ARTS, 58

1892

TRAITÉ SYNTHÉTIQUE

DE

CHIROMANCIE

OUVRAGES DU MÊME AUTEUR

OCCULTISME

Traité méthodique de Science Occulte. Lettre-Préface de Ad. Franck, de l'Institut. 1 vol. gr. in-8° de xxv-1030 pages avec 10 traités techniques, 2 dictionnaires et un glossaire, 400 gravures et tableaux et 2 planches phototypiques hors texte (1891) .... **16.** »

Le Tarot des Bohémiens, le plus ancien livre du monde. — Etude historique et critique sur *la clef* de la Science Occulte (à l'usage des initiés). 1 vol. grand in-8°, de 372 pages avec 6 planches phototypiques et 200 figures et tableaux .... **9.** »

Traité élémentaire de Science Occulte. 1 vol. in-18, 4° édition. (épuisé)

L'Occultisme Contemporain. In-18 .... (épuisé)

Fable d'Olivet et Saint-Yves d'Alveydre. In-8° .... (épuisé)

L'Occultisme (petit résumé). In-16 .... **0.20**

KABBALE

La Kabbale (résumé méthodique), grand in-8° de 150 pages avec figures.. (sous presse)

Le Sepher Jésirah, 1re traduction française. — Les 32 voies de la Sagesse ; les 50 portes de l'Intelligence.................... (épuisé)

La Science Secrète (en collaboration)........................ **3.50**

ALCHIMIE

La Pierre Philosophale, preuves de son existence. In-18 avec planche phototypique.. **1.** »

THÉOSOPHIE

Les Sept Principes de l'Homme au point de vue scientifique. In-8° avec figures.. (épuisé)

SPIRITISME

Considérations sur les Phénomènes du Spiritisme. — Rapports de l'Hypnotisme et du Spiritisme. — Règles pratiques pour la formation des médiums. In-8° avec 4 planches................ **1.** »

Le Spiritisme (petit résumé)................................ **0.20**

La Fraude et la Médiumnité, en collaboration avec L. Lemerle, ingénieur, ancien élève de l'Ecole Polytechnique. (Sous presse).

MAGIE

Traité élémentaire de Magie pratique. (En préparation.)

DIVERS

Direction de la Revue mensuelle l'**Initiation** (4° année) et du journal hebdomadaire le **Voile d'Isis** (2° année).

PAPUS

TRAITÉ SYNTHÉTIQUE

DE

CHIROMANCIE

Complément indispensable de tous les ouvrages analytiques spéciaux

AVEC 23 GRANDES FIGURES EXPLICATIVES

PARIS

GEORGES CARRÉ, ÉDITEUR

58, RUE SAINT-ANDRÉ DES ARTS, 58

1891

AVANT-PROPOS

Il est curieux de constater que notre époque, où l'expérimentation jouit d'une telle faveur, présente en même temps des exemples nombreux de parti pris peu concevable.

Ainsi, de quel sourire dédaigneux les « hommes sérieux » n'accueillent-ils pas toutes ces idées « d'un autre âge » relatives à l'impression du moral sur le physique, et à la possibilité de déduire le caractère général d'un individu de la forme de ses organes ! — Il y aurait, pour le médecin indépendant, un beau travail à faire en vérifiant, dans les amphithéâtres des hôpitaux, sur cent ou deux cents sujets, la vérité des affirmations des chiromanciens au sujet de l'indication possible de la longueur de la vie donnée par une ligne de la main. — Tant que des expériences de ce genre n'auront pas été faites, comment peut-on se faire fort de trancher du « magister » à ce sujet ?

Les livres traitant de chiromancie présentent tous un défaut capital, à notre avis. L'esprit de lecteur s'embrouille dans cette minutie des petits détails dont ces ouvrages sont remplis. Notre but, en faisant cet extrait du *Traité méthodique de Science Occulte*, est de fournir au lecteur des données très générales et en même temps très précises de la question, pour le mettre à même de classer ultérieurement les détails qu'il trouvera dans les traités ordinaires de chiromancie.

Nous pensons, à l'encontre d'opinions toutes faites, que l'expérimentation a le droit d'aborder tous les champs d'action fournis à son activité, et que les diverses données concernant la divination peuvent l'intéresser autant que les études d'archéologie ou de linguistique.

A nos lecteurs de devenir nos collaborateurs, et bientôt nos maîtres, en ces curieuses recherches. C'est là notre plus vif désir.

PAPUS.

EXEMPLE D'UNE SCIENCE DE DIVINATION

LA CHIROMANCIE

RÉSUMÉ SYNTHÉTIQUE DE CHIROMANCIE

Notre étude serait incomplète si nous ne donnions pas les fondements d'au moins une des sciences dites ; de divination.

Je sais bien que les ignorants de la Science Occulte prétendent que ces sciences de divination sont entièrement fausses et ne peuvent donner aucun résultat sérieux. Les faits viennent chaque jour faire justice de ces belles paroles.

Un procédé, cher à la critique contemporaine, consiste à juger un travail uniquement sur les points touchant à ces sortes d'études. C'est ainsi que, pour le Larousse[1], mon ouvrage sur le Tarot se réduit uniquement au chapitre dédié aux dames et consacré à la cartomancie.

Quoi qu'il en soit, comme mon souci est, avant tout, d'être complet, je vais développer les données principales d'une des plus vieilles sciences de divination connues : la Chiromancie (lecture de la main).

Appliquant la Science Occulte à la théorie de la chiromancie, je vais présenter cet art sous un jour tout nouveau donnant des enseignements qu'on chercherait en vain dans les traités modernes sur la question. Ces traités, surtout celui de Desbarolles, seront utiles à consulter pour les analyses de détail ; je me contenterai dans ce chapitre d'envisager la question sous le point de vue purement synthétique.

---

1. *Encyclopédie du* XIXe *siècle*, supplément, art. *Théosophie*.

Il me semble inutile de répondre à l'objection que les lignes de la main sont le résultat des occupations spéciales de l'individu ou des plis naturels de la peau. Un docteur en médecine peut seul se permettre de ces fautes d'observation.

La main gauche qui travaille moins a beaucoup plus de lignes que la main droite, et les enfants nouveau-nés, qui n'ont encore choisi, que je sache, aucune profession particulière, ont un grand nombre de lignes. Quant aux plis naturels de la peau, les observations faites d'après les données de la chiromancie montreront mieux leur rôle véritable que tous les traités possibles et impossibles d'anatomie.

Considérons la main (on prend généralement la gauche comme exemple) d'une façon synthétique ; qu'y verrons-nous ?

Une série d'organes qui sont presque incapables de se mouvoir séparément : les quatre doigts ; un organe qui s'oppose à ceux-là : le Pouce.

L'ensemble des doigts représentera l'ensemble des impulsions venues de la fatalité, des suggestions données à l'individu ; le Pouce représente au contraire l'action possible de l'individu sur ces suggestions, l'acceptation ou le refus des impulsions données.

Chaque doigt représente particulièrement une suggestion ; nous aurons à voir ces divisions en détail bientôt.

Remarquez les hauteurs diverses occupées par les doigts. Que verrez-vous ?

Le plus haut de tous, celui qui domine l'ensemble est *le médius*, le doigt du milieu.

De chaque côté de ce doigt vous en trouvez deux autres, un grand et un petit de chaque côté, à droite c'est l'Annulaire et le Petit doigt, à gauche c'est l'Index et le Pouce.

Vous pouvez donc comparer ce médius au support d'une balance dont les plateaux sont formés par les doigts situés de chaque côté.

Nous retrouvons donc là notre ternaire universel, les deux opposés (les deux plateaux) et le support qui les réunit tous deux (le médius).

Au milieu, ce qui domine tout c'est le Destin inéluctable, la Fatalité, le sombre Κρόνος — SATURNE (nom astrologique du médius).

A droite de la Fatalité, le Rêve, la Théorie, l'Idéal représenté par les deux doigts.

APOLLON (l'annulaire). — L'Art.

MERCURE (le petit doigt). — La Science.

A gauche de la Fatalité, la Raison, la Pratique, le Positif représentés par les deux doigts.

JUPITER (l'index). — Les honneurs.

VÉNUS (le pouce). — La Volonté. — L'Homme. — L'Amour.

Résumons les noms attribués à chaque doigt :

LE MÉDIUS : *Saturne*. — L'ANNULAIRE : *Apollon*. — LE PETIT DOIGT : *Mercure*. — L'INDEX : *Jupiter*. — LE POUCE : *L'Homme et Vénus*.

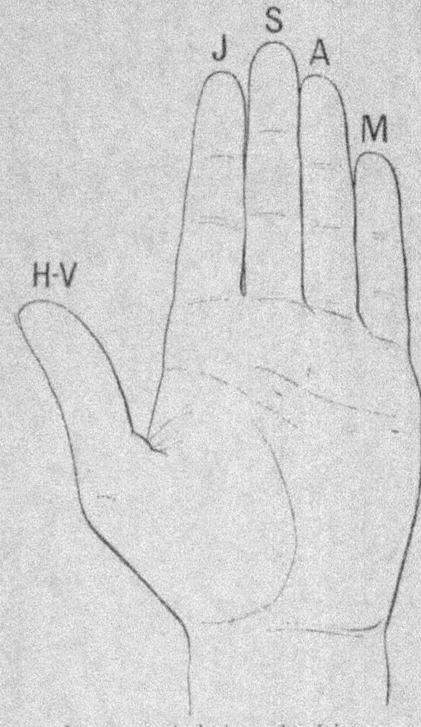

Les noms astrologiques des doigts.

Chaque doigt comprend :

1° *Une saillie* sur laquelle il prend racine. Cette saillie a reçu le nom de Mont. Chaque mont prend le nom du doigt correspondant (mont de Jupiter, mont de Saturne, etc.) ;

2° Une ligne qui part de ce doigt pour cheminer dans la main.

Cette ligne est très marquée ou bien absente suivant que la *suggestion* donnée par le doigt est forte ou n'existe pas chez l'individu.

Voyons le trajet suivi par chacune des lignes rattachées à un doigt et le nom de ces lignes.

SATURNE (LE MÉDIUS) ET LA LIGNE DE FATALITÉ

Du doigt de Saturne part une ligne qui traverse verticalement

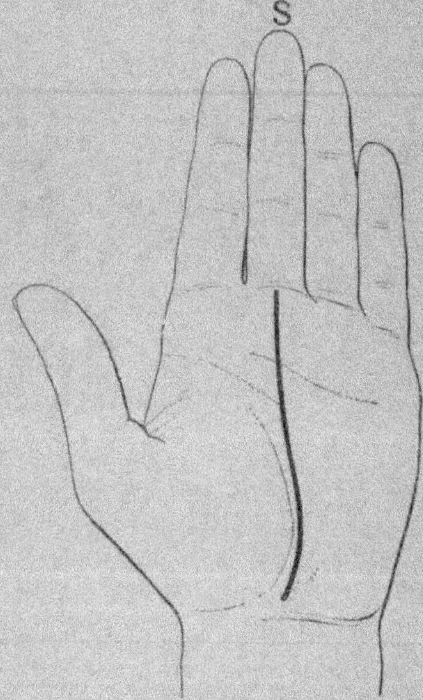

La ligne de fatalité (*Saturnienne*).

toute la main pour aboutir presque au poignet : *c'est la ligne de fatalité;* elle indiquera les événements.

MERCURE ET SA LIGNE

Mercure représente le côté pratique de l'idéal, c'est *la Science* par rapport à l'art, c'est aussi *le Commerce* par rapport à l'invention.

Mercure était le messager des dieux, c'était le reporter de l'Olympe.

Dans la main la *ligne de Mercure* sera la ligne des *intuitifs*, des *médiums*, des personnes *nerveuses* à l'excès, sujettes aux rêves prophétiques (le petit doigt dit aux nourrices les secrets des enfants).

Cette ligne part du petit doigt et se dirige vers le poignet pour naître au même niveau presque que la ligne de Saturne.

Se garder de l'erreur qui consiste à croire que cette ligne représente les *maladies du foie*, c'est la ligne de l'*intuition*; elle manque très souvent.

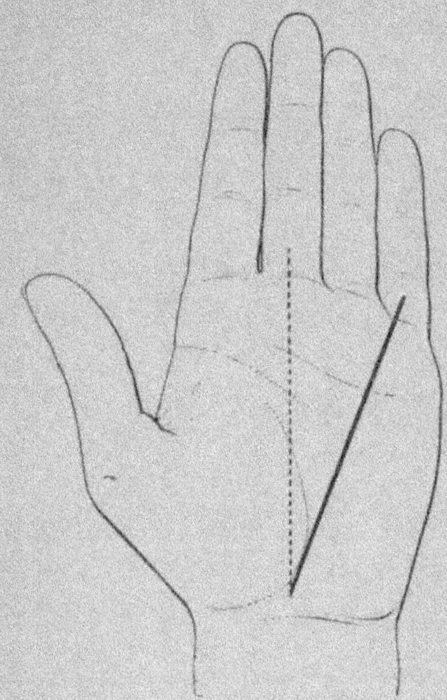

La ligne de l'intuition (*Mercurienne*).

APOLLON ET SA LIGNE

Apollon c'est l'idéal dans toute sa pureté. C'est l'art, c'est l'invention, c'est aussi la fortune noblement acquise.

Dans la main *la ligne d'Apollon* sera la ligne des artistes et des inventeurs. Elle part de l'annulaire et se dirige vers le bas en allant souvent vers le niveau de la rencontre du pouce et du poignet.

Elle est rarement complète. Très souvent elle est divisée en plusieurs tronçons.

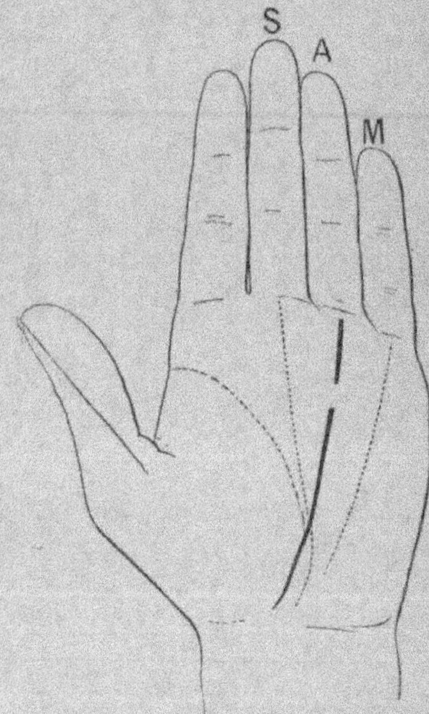

La ligne de l'idéal (*Apollonicane*).

JUPITER ET SA LIGNE

Jupiter ce sont les honneurs, c'est *l'idéal de la vie pratique*, c'est aussi le dévouement, la magnanimité, *le Cœur*.

La ligne de Cœur part de Jupiter ou de son mont et se dirige *horizontalement* (et non plus verticalement) vers le petit doigt au bas du mont duquel elle aboutit.

C'est la ligne de la passion, du dévouement, de la colère. C'est la ligne de l'ambition.

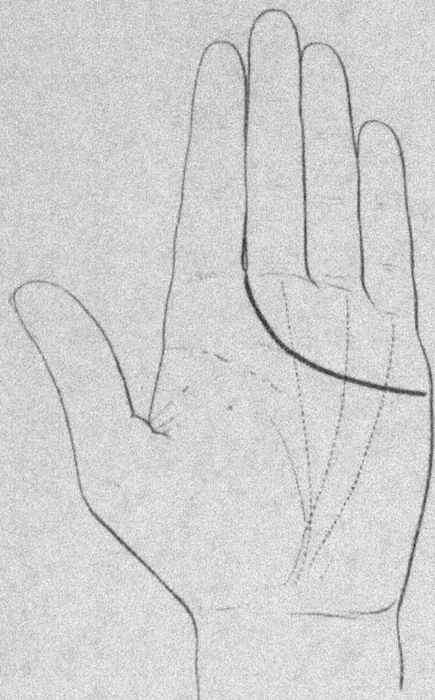

La ligne de cœur (*Jupitérienne*).

LE POUCE ET SA LIGNE

Le pouce c'est l'homme lui-même dans ses trois spécifications :

En haut la raison (1re phalange).

Au milieu le sentiment (2e phalange).

Au bas les sens (racine).

L'homme est entouré par la *vie physique* qui marque les étapes de son corps.

Aussi la ligne qui entoure le pouce est-elle *la ligne de vie*.

C'est sur elle qu'on verra, non pas les événements (ce qui serait une erreur), mais *les maladies*, c'est-à-dire tout ce qui touchera au physique, au côté le plus matériel, le plus pratique de l'homme.

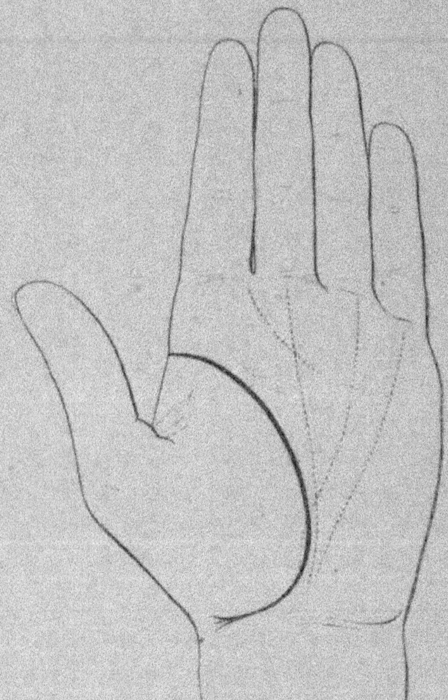

La ligne de vie (*Hominale*).

AUTRES CENTRES

Outre les doigts, deux centres doivent être considérés :

1° La partie centrale de la main, correspondant à *Mars* ;

2° La partie droite de la main, celle qui s'étend depuis le petit doigt jusqu'au poignet. Cette partie présente un renflement caractéristique attribué à *la Lune*.

MARS ET SA LIGNE

Tenant le milieu entre toutes les autres lignes, on en voit une placée entre la ligne de cœur et la ligne de vie et dirigée horizontalement.

C'est la ligne de tête, la ligne de l'action qui sillonne tout le domaine du dieu par excellence de l'Activité : Mars.

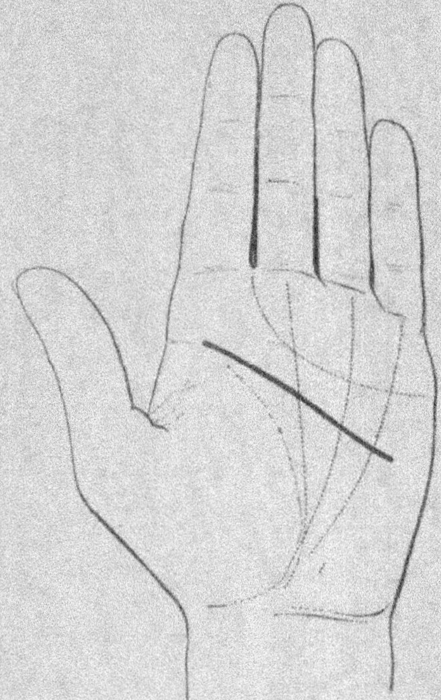

La ligne de tête (*Martiale*)

LA LUNE ET SES LIGNES

La Lune préside à l'imagination, et à la croissance de tout ce qui pousse, à la génération.

Elle n'a pas une ligne à proprement parler ; mais elle en possède un grand nombre échelonnées sur le côté tout à fait externe de la main, depuis le petit doigt jusqu'au poignet.

Pour voir ces lignes il faut mettre la main de profil.

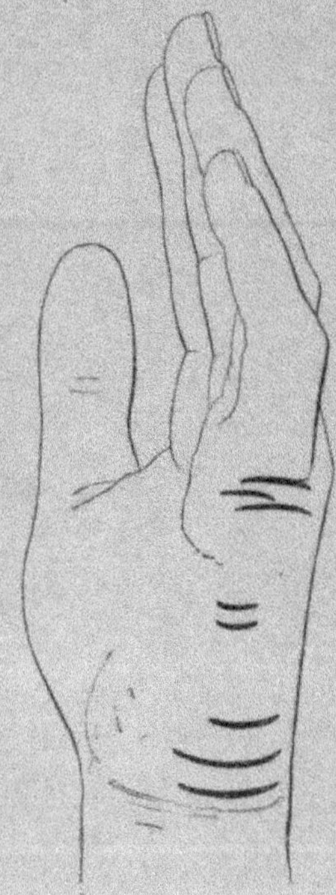

Les lignes d'imagination et de génération
(*Lignes lunaires*).

Nous venons d'exposer la construction de la main et de ses différentes lignes.

Résumons ce que nous avons dit dans une figure d'ensemble.

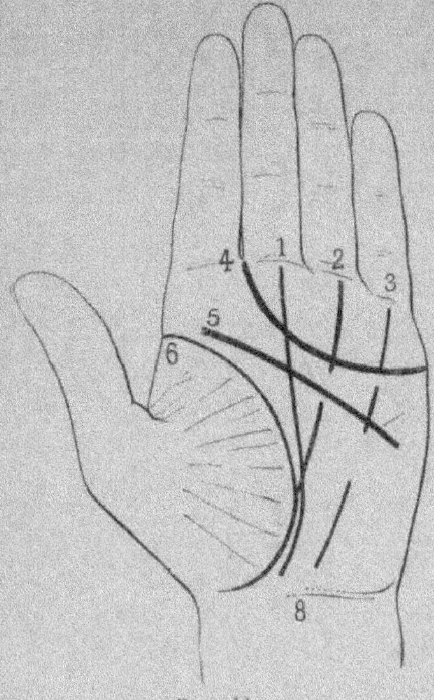

Ensemble.

Trois lignes verticales :
1° *La Saturnienne* (fatalité).
   Partant du médius. Au milieu.
2° *L'Apollonienne* (idéal).
   Partant de l'annulaire. A droite.
3° *La Mercurienne* (intuition).
   Partant du petit doigt. Extrême droite (manque très souvent).

Trois lignes horizontales :
4° *La ligne de cœur* (générosité).
   Partant de l'index. Gauche.
5° *La ligne de tête* (volonté, activité).
   Au milieu de la main (horizontalement).
6° *La ligne de vie.*

Partant du pouce et l'entourant. Extrême gauche.

Au bas du poignet une série de lignes horizontales : le *Rasette*.

Munis de ces données, nous connaissons la constitution générale de la main.

Voyons comment on peut y lire les tendances de l'individu.

DEUXIÈME LEÇON

LECTURE DES SIGNES

Deux grands principes luttent dans l'homme ; la *Fatalité* et la *Volonté*.

La *Providence*, le troisième des principes universels, n'intervient qu'accidentellement et d'une façon qui ne peut être sûrement prévue.

La ligne de Saturne représentant la fatalité, la ligne de tête représentant la volonté, leur action réciproque nous donne la première division que nous devons considérer. Cette action produit une croix indiquée par la figure suivante.

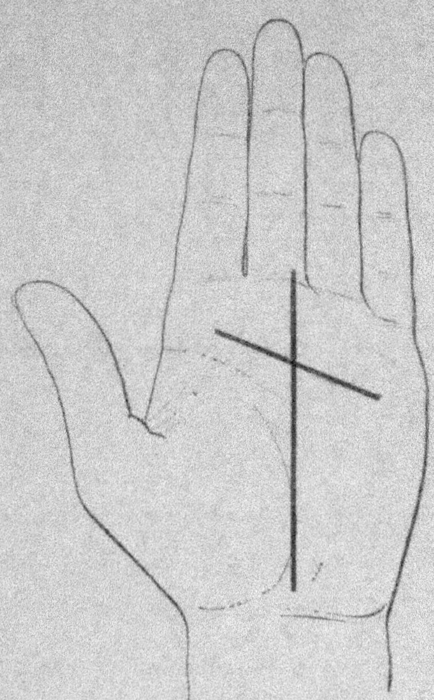

La Fatalité (*Saturnienne*). — La Volonté (*Ligne de tête*).

A droite de cette croix sera le côté *idéal, théorique*.

A gauche le côté *pratique*.

Toutes les lignes qui iront du milieu vers la droite indiqueront les tendances *idéales, intellectuelles*, de l'individu.

Toutes les lignes qui iront du milieu vers la gauche indiqueront, au contraire, les tendances pratiques, matérielles de cet individu.

Voulez-vous voir si quelqu'un est plus idéal que matériel ?

Regardez la distance qui existe entre la ligne de tête et la racine des doigts, et voyez si elle est supérieure à la distance de cette ligne à la naissance du poignet.

Le haut de la ligne c'est l'intellectuel ; le bas le matériel.

Maintenant voyons comment on lit les différents présages.

DES ÉVÉNEMENTS

La ligne de la Fatalité saturnienne indique l'époque exacte des événements passés, présents et futurs.

Tout ce qui modifiera quelque peu l'existence est indiqué par un saut de la ligne, par une coupure ou par une autre ligne venant se mettre en travers.

La direction de ce saut à droite ou à gauche indique si l'événement a influé sur les occupations intellectuelles ou sur la position.

Une ligne de Fatalité droite et sans coupures c'est une vie uniforme au point de vue des événements et des idées.

Voici comment on voit les âges (ceci est très important).

Suivez sur la ligne ci-jointe :

La ligne de Fatalité est coupée :

1° Tout en bas par la ligne de Mercure ou celle d'Apollon ;

2° Plus haut par la *Ligne de Tête ;*

3° Plus haut par la *Ligne de Cœur.*

Ces trois points, surtout les deux derniers, sont des points de repère infaillibles.

La rencontre de la *ligne de tête* et de la *ligne de fatalité* c'est 20 ans juste.

La rencontre de la *ligne de cœur* et de la *ligne de fatalité*, c'est 40 ans juste.

La rencontre de la ligne de *Mercure ou d'Apollon* et de la *ligne de fatalité* c'est 10 ou 12 ans.

En divisant par le milieu ces diverses lignes, on obtient les âges intermédiaires :

30 ans au point du milieu de la ligne de cœur et de la ligne de tête (voy. la figure), et ainsi des autres.

On ne trouve ces données dans aucun des livres « classiques » sur la question. J'en garantis la vérité dans 90 cas sur 100.

On regarde donc si la ligne de fatalité se coupe et est traversée par une autre ligne au niveau de l'un quelconque de ces points et on en déduit l'âge d'un événement. Ainsi supposons une main qui ait le signe suivant :

Un peu après la vingtième année (rencontre de la saturnienne et de la ligne de tête) ; la saturnienne *fait un saut* à droite.

Vous dites :

A 20 ans vous avez changé vos occupations et vous avez eu idée de vous lancer dans une vie plus intellectuelle.

Mais voyez la figure. Une ligne traverse la saturnienne un peu
après vingt ans et se dirige droit vers Apollon.

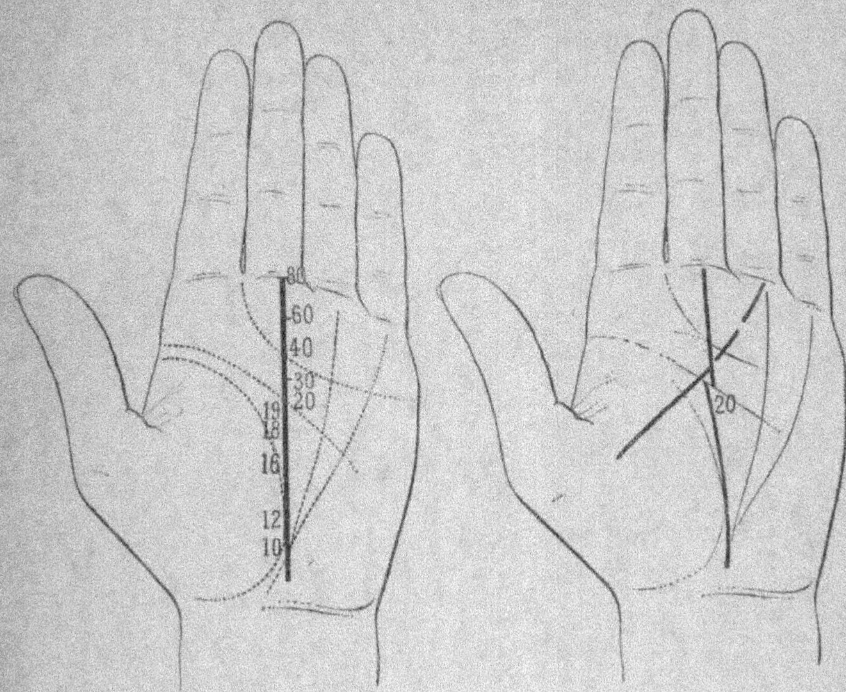

Les âges des événements (donnees inconnues des
auteurs des traités de Chiromancie moderne).

Vous dites :

A 20 ans vous avez décidé tout à coup (la ligne *qui coupe* la
fatalité indique une action de la *volonté*) de vous occuper d'art.
De là un changement dans toutes vos occupations.

Cet exemple développé par la pratique arrive à tout expli-
quer.

DE LA CHANCE

La chance est indiquée par *le nombre de lignes qui doublent* la saturnienne.

Ainsi voilà une main qui a de la chance de 20 à 30 ans, qui la perd de 30 à 40 et qui la rattrape à 40; mais au point de vue de la *position matérielle*.

La *très grande chance* est indiquée par une ligne doublant la saturnienne dans presque toute sa longueur.

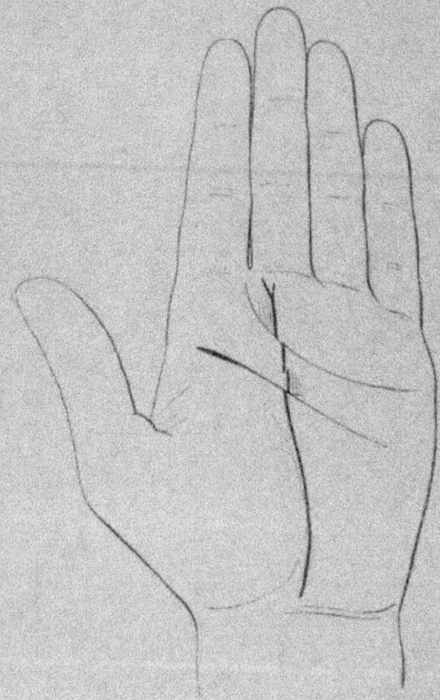

La Chance.

DE LA VIE PHYSIQUE ET DES MALADIES

Les maladies se voient dans la *ligne de vie*. Je ne puis garantir absolument les prédictions de la mort à tel ou tel âge d'après les considérations de cette ligne.

Ainsi j'ai examiné dans les amphithéâtres des hôpitaux environ 200 mains presque immédiatement après la mort et je n'ai observé la vérité des prédictions que dans 60 0/0 des cas environ.

Il faut donc corroborer les enseignements de la ligne de vie par ceux de la ligne de fatalité et surtout par l'examen des deux mains.

Les âges sont ainsi indiqués dans cette ligne (on trouvera dans le traité de Desbarolles la clef de cette division).

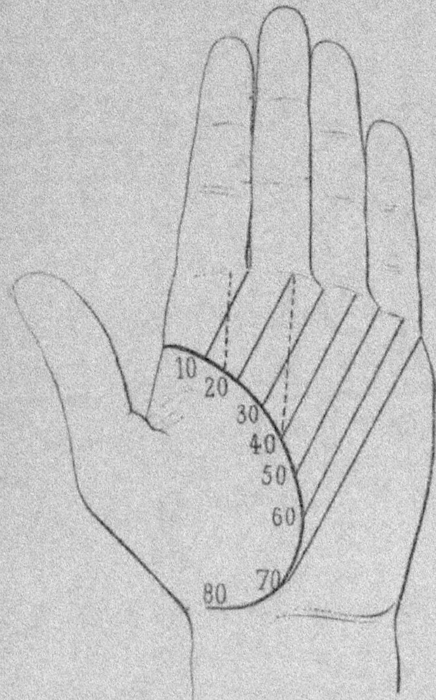

Une maladie grave dont on relève est marquée par une interruption de la ligne de vie, interruption suivie de la reprise de la ligne.

Le danger d'apoplexie est indiqué par l'arrêt subit de la ligne sans reprise.

Les maladies de langueur sont marquées par un affaiblissement continu de la ligne de vie qui devient à la fin tellement mince qu'on peut à peine la suivre.

Les paralysies sont en général indiquées par des îles.

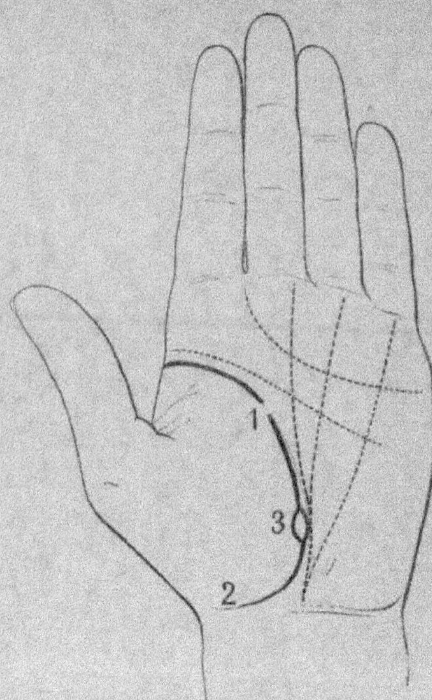

Quelques indications de la ligne de vie.

DU MOI

Le pouce indique l'homme lui-même et sa triple division : *Tête* ou phalange supérieure ; *Poitrine* ou phalange médiane et *Ventre* ou Éminence Thénar (l'éminence charnue dans laquelle le pouce prend naissance).

Le caractère de l'individu se voit à la phalange supérieure. Un emporté a cette phalange presque carrée, un généreux a la phalange tournée en dehors.

La phalange supérieure du pouce très large et très grosse par rapport au reste du doigt indique un caractère épouvantable pouvant aller jusqu'à l'*assassinat*.

On raconte que Lacenaire fut suivi longtemps dans sa vie par Vidocq, qui croyait à la chiromancie et qui lui avait trouvé un pouce d'assassin.

Tous ces détails se trouvent très bien exposés dans les livres connus consacrés à cette question.

Rappelons que les anciens considéraient à tel point le pouce comme le symbole de l'homme lui-même qu'on coupait le pouce aux lâches ; de là le mot *poltron* (pouce coupé, *pollice trunco*).

DE L'AMOUR SENSUEL

L'amour idéal est indiqué dans la ligne de cœur.

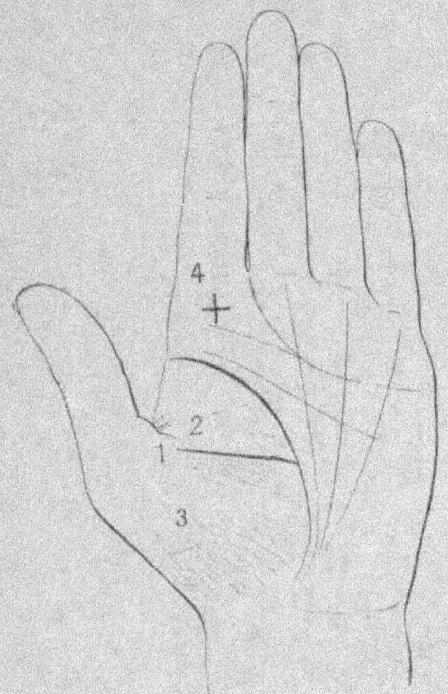

Un seul amour sérieux dans la vie, mariage d'amour.

L'amour sensuel dans le mont de Vénus.

Les amourettes sont marquées par de petites lignes peu profondes et nombreuses (2).

Les amours sérieuses par de grandes lignes profondes. Il peut n'y avoir qu'un seul amour dans la vie (1).

La figure précédente indique ce fait.

La tendance à la luxure est indiquée par des grilles au bas du mont de Vénus (3).

MARIAGE D'AMOUR

Le mariage d'amour est indiqué par une croix sous Jupiter (4).

La croix mal formée indique que le mariage sur le point de se faire ne s'est pas conclu.

Quand une barre accessoire traverse la croix en bas, elle indique des empêchements très grands au mariage.

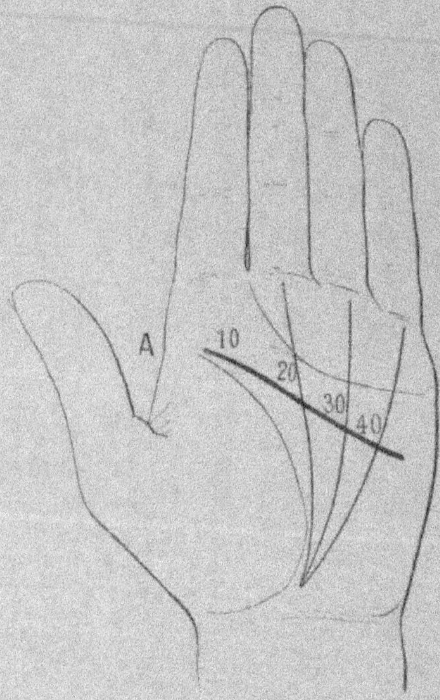

Les âges de la ligne de tête (lignes de Mars inconnues des modernes).

DE LA VOLONTÉ

La volonté est marquée par la profondeur de la *ligne de tête*, qui indique aussi le courage.

Les blessures physiques qui dépendent de *Mars* sont aussi indiquées sur cette ligne par des points.

Les anciens traités de chiromancie du XVIᵉ siècle divisent cette ligne en âges pour indiquer les événements.

La rencontre de la saturnienne et de cette ligne, c'est 20 ans.

La rencontre de la mercuriélle avec elle, c'est 40 ans.

Voici cette division inconnue des modernes.

DE L'AUDACE ET DE LA RÉUSSITE

Une remarque importante à faire et celle par laquelle on doit commencer l'observation de toutes les mains, c'est que :

Quand la ligne de tête et la ligne de vie sont séparées l'une de l'autre (comme dans la figure précédente en A), l'individu a une confiance inébranlable en son étoile et en lui et réussira presque tout ce qu'il entreprendra.

Quand ces lignes sont unies par de petites lignes intermédiaires, l'individu a confiance en son étoile, mais pas en lui.

Quand les deux lignes sont intimement unies, l'individu se désole toujours, n'a confiance en rien et manque la plupart de ses entreprises.

DE LA VIE SENTIMENTALE

Les passions de source sentimentale, chagrins moraux et amours idéales, sont indiquées par la *ligne de cœur* (ligne de Jupiter).

Plus cette ligne est marquée, plus l'individu est généreux et magnanime, plus il est susceptible de dévouement, plus il a de cœur.

On peut voir l'époque des grands chagrins moraux par des divisions de cette ligne ou des croix qu'elle renferme et en considérant les âges qui y sont marqués.

La rencontre de la mercuriélle et de la ligne de cœur, c'est 10 ou 12 ans.

La rencontre et de la ligne de cœur et de celle d'Apollon, c'est 20 ans.

La rencontre avec la saturnienne, c'est 40 ans.

On trouvera des détails sur cette ligne dans tous les traités de chiromancie.

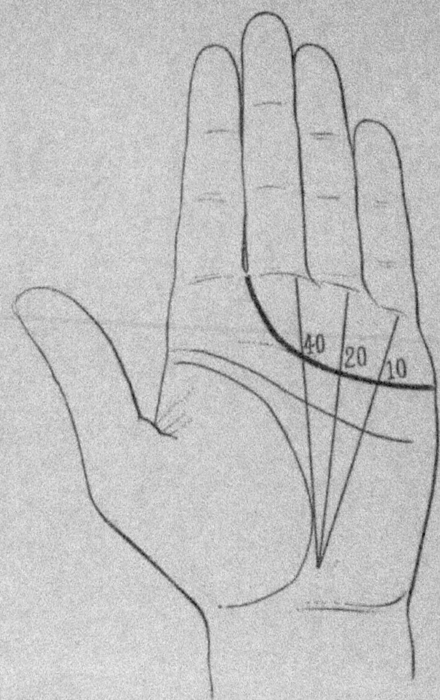

Les âges de la ligne de cœur (inconnus des modernes).

DE L'ART — DE LA FORTUNE

La longueur de la ligne d'Apollon indique la faculté d'inventer ou d'idéaliser.

Quand cette ligne est accompagnée d'une foule d'autres petites lignes sous le doigt d'Apollon, l'individu a des tendances artistiques très développées (A).

Les musiciens ont d'habitude une foule de petites lignes peu marquées, les poètes ou les peintres ont moins de lignes, mais plus profondes.

Une fourche en haut de cette ligne indique la fortune (B).

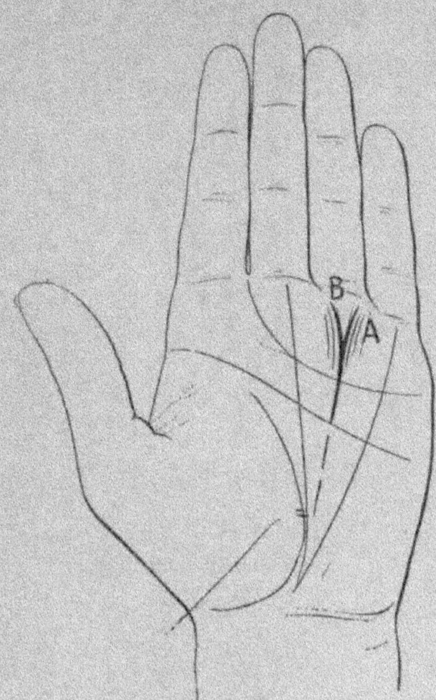

L'art et la fortune.

DE LA SCIENCE

La ligne de Mercure accompagnée de petites lignes sous le petit doigt indique le goût *de la science* (et non spécialement de la médecine, comme dit Desbarolles).

On verra le genre de science par l'existence ou la non-existence de la ligne d'intuition se continuant dans la main.

De même que le pouce devenu pernicieux indiquait l'assassinat, le petit doigt spatulé, c'est-à-dire matérialisé et finissant *en massue* (voir les travaux de d'Arpentigny) indique la tendance *au vol*, péché mignon du dieu Mercure qui reçoit en même temps les hommages des commerçants et des voleurs.

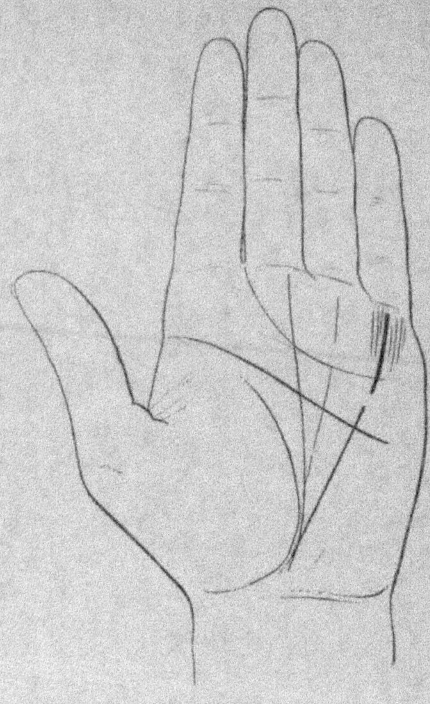

La science.

DU COMMERCE

Une seule ligne profonde sous Mercure indique le goût du commerce.

GOUT DE LA GLOIRE OU DE L'ARGENT

L'idéal du théoricien, c'est la gloire.
L'idéal de l'homme pratique, c'est l'argent.
Pour voir de suite quel est celui de ces goûts qui domine chez un

individu, on regarde quel est celui des doigts, index ou annulaire, qui dépasse l'autre. Cette comparaison est très facile, grâce à Saturne.

Si l'annulaire (Apollon) dépasse, c'est que l'amour de la gloire l'emporte sur l'amour de l'argent, et qu'on préfère en général l'idéal à la vie pratique.

Le contraire a lieu si Jupiter dépasse Apollon.

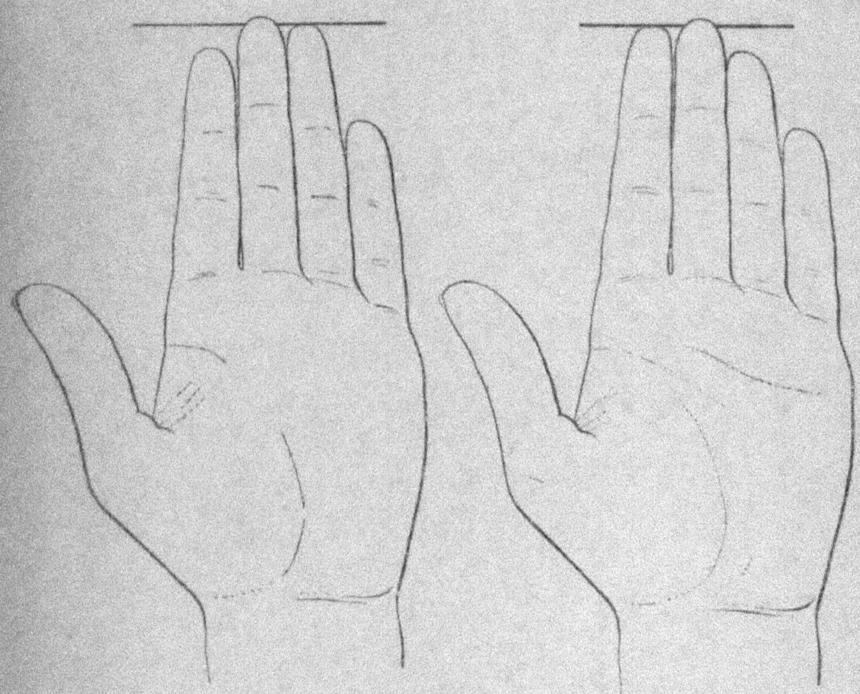

Amour de la gloire (intuitif).

Amour de l'argent (déductif).

CONCLUSION

On pourrait continuer ces déductions et entrer dans une foule de détails venus de la tradition.

Notre intention n'est pas de résumer les traités connus sur la question.

Nous avons voulu montrer comment les données fondamentales de la Science Occulte s'appliquaient exactement à tout, même à la Chiromancie.

La plupart des données que nous établissons ci-dessus sont originales. Elles seront un guide précieux pour ceux qui voudront approfondir ce genre d'études. Je leur conseille vivement de se procurer l'ouvrage d'un élève d'Eliphas Levi, *Desbarolles* [1], qui a beaucoup étudié cet art, mais en se perdant trop dans les détails.

1. Librairie du Merveilleux, 29, rue de Trévise.

PARIS. — IMP. P. MOUILLOT, 13, QUAI VOLTAIRE. — 17898.

GEORGES CARRÉ

ÉDITEUR, 58, RUE SAINT-ANDRÉ-DES-ARTS, 58, PARIS

PARIS. — 1892. P. MOUILLOT, 13, QUAI VOLTAIRE. — 4975